Jenseits von Worten

Gedichte

von

Sabine Schildgen

AF237175

Sabine Schildgen

Jenseits von Worten

Lyrik

Bibliografische Information der Deutschen Nationalbibliothek:
Die Deutsche Nationalbibliothek verzeichnet diese Publikation
in der Deutschen Nationalbibliografie; detaillierte
bibliografische Daten sind im Internet über http://dnb.dnb.de
abrufbar.

Herstellung und Verlag: BoD – Books on Demand,
Norderstedt

ISBN: 978-3-75342128-5

Für Liebe, Unterstützung, Rückhalt, Kritik, Mut und Support danke ich von Herzen mir und dem Leben, dem besten Mann, dem Elfenmädchen, dem Räuberhauptmann, meinen Eltern und denen, die dazu gehören, meiner Familie, der besten Freundin und meiner Schreibmentorin.

Ohne euch wäre ich nicht die, die ich heute bin und ohne euch wäre all das hier nicht möglich

— Ihr seid wundervoll!

Liebe Leserinnen und Leser,

ihr mögt Feuerwerke? Dann taucht ein in dieses Buch, denn Worte finden Sabine und ihre Wortschöpfungen und Wortkombinationen sind oft kleine bunte Feuerwerke, die uns sprachlos und staunend innehalten lassen. Mit wenigen Worten führt uns die Dichterin durch alle Extreme und alle Gefühle, nimmt uns mit auf kurze Reisen zwischen der letzten Wärme und dem klarweißkaltem Klirren der Welt und während Worte verglühen, hat uns der Frost schon eingeholt.

Es sind Wörterschlangen, die sie fängt, so sagt Sabine - und es sind Wörterflüsse, in die sie uns reißt, gekonnt schafft sie dabei ganz ungewöhnliche Verbindungen, das ist wirklich „wortwunderbar"! Bevor der Winter kommt und uns den Atem nimmt, hat Sabine ihn mir schon genommen.

Ich lausche Deiner Melodie, liebe Sabine, folge Dir durch alle Jahreszeiten, Gefühlslagen und Orte, Du bist in der Tat „aus dem Rahmen gefallen", wie gerne lasse ich mich mitreißen in Deine Wörterflüsse, aufgeregt und angeregt begegne ich auf Deinen Seiten allen Farben, Du bist still und laut, Du weinst und lachst, Verzweiflung wechselt ab mit Überglück. Was Du dichtest, ist zum Staunen schön! Bei Dir habe ich mir „Freudenstreusel" geborgt und streue sie über graue Tage, das kann ich nur all Deinen Lesern empfehlen!

Und so denke auch ich: was willst Du finden, was Du nicht längst schon hast tief in Dir? Es ist alles da!

Du bist bunt und wunderbar, und so sind auch Deine Gedichte. Danke, dass Du Dir Deinen Traum erfüllst und danke, dass Du uns mitnimmst in eine Welt „Jenseits von Worten"!

Beate Fuhrmann

Wortknospen

auf

leuchtendem

Papier

jenseits von worten...

jenseits von worten
finden sie mich
hinter den spiegeln
erblicken sie mich
jenseits von worten
erkennen sie mich
jenseits von worten
erblühen sie

worte finden mich
schreiben mich

meine worte
werden zu flügeln

wortknospen
auf leuchtendem papier
....

wortwunderbare
fliegende silben
suchen träumende vergnügungsbereitschaften
tanzen leuchtend zwischen vielfachbewunderen
vorbei

----

mir fallen wörter
aus dem kopf
in die hand
auf das papier
schreiben sich
bunt und leicht
und
wolkenweich

----

unberechenbar
fliegen wörter
durch die zeit
ohne ordnung zu denken
punkt

erinnerst

du

dich

für d.

bienengesang
frisch gemähtes gras
vogelschläge
atmen mich

rosen ranken
das gatter empor
wicken kresse sonnenhut
zeugen von
sommer und glück

deine hand
flicht kränze
aus gänseblümchen
pustet löwenzahn
in den himmel
für mich

immer warst du es
die mich hielt
ich war
dein samenkorn
und blühe
dank dir
wie verrückt

erinnerst du dich (1)

erinnerst du dich
kinderlachen
perlengleich
aneinander gereiht
glasmurmeln
verzauberten den blick
fossiliengleich
konservierten wir
die stunden am see
wollten nie zurück

erinnerst du dich
unsere welt endete erst
mit dem ruf
und auch da
nahmen wir sie
in unsere träume mit
die sonne schien ewiglich
und der schnee schmolz nie

erinnerst du dich
abenteuer erblickten licht
die dämmerung malte schatten
raubritter waren wir
edelfrauen
nachtgestalten
piraten auf hoher see

grenzen setzte uns
nur die zeit

wenn die sonne
hinter den hügeln versank
oder die mutter
von ferne rief
und doch
endete der tag nie

erinnerst du dich
die heiße luft des sommers
machte uns trunken
die klirrende kälte im winter
nahm der glut
nicht das feuer
doch den jahren
gelang es
den kindheitsträumen
von fernen welten
alltag einzuhauchen
und unsere abenteuer
wurden müde und schlaff

erinnere dich
komm
wir erfinden
uns neu
und malen uns
neue gesichter

erinnerst du dich (2)

an vergangene sommer
eis klebte
an unseren händen
und unsere gesichter
waren verbrannt

sonnenmilch war unser parfüm
und sand leckte daran
die nächste welle
war immer noch
ein wenig höher
als die zuvor
und den ruf
der eltern
überhörten wir
bis die sonne versank

wir wußten nichts
von den stürmen
im herbst
oder dem winter
der nahte
und uns das
nehmen sollte
was wir liebten
erinnerst du dich
…..

erinnerst du dich (3)

erinnerst du dich
sonnenuntergänge
färbten unser leben
die dämme am bach
stauten unser meer
mit den drachen
die zum himmel stiegen
schickten wir
unsere träume empor

erinnerst du dich
märchen schrieben wir
in flaschen
und schickten sie
auf die reise
den fluß hinab
mit den wolken
spielten wir fangen
regen perlte
von uns ab

erinnerst du dich
unser blut mischten wir
schworen ewige treue
unsere wimpern
waren wünsche
die wir heimlich flüsterten
mit den funken des feuers
zerstoben diese
im tanze der glühwürmchen
hinter dem haus

erinnerst du dich (4)

erinnerst du dich
unsere füsse in stiefeln
ohne socken
erklommen pfützen
oder sprangen
von tropfen zu tropfen
erinnerst du dich
regenbögen spiegelten sich
in unserem lachen
versprachen kein gold
aber abenteuer und glück
kein regen zu dicht
kein regen zu kalt
die tropfen am fenster
waren schneller
als deine
sangen lieder
von wolkenglück
erinnerst du dich
die decken waren höhlen
boten schutz
vor blitz und donner
wir überlebten
dank milch
und nutellabroten
erinnerst du dich
die liebe
war endlos
nur wir
sahen sie nicht

alltagsheld

auf deinen schultern
war ich riesengroß
an deiner hand
konnte mich
kein schmerz
erreichen
deine stimme
eroberte
den mond
für mich
in endlosen stunden
bauten wir
burgen aus sand
die für die ewigkeit
hielten
die wellen
übersprangen wir
und schrien
vor glück
das netz an erinnerungen
überspannt
mein leben

der riss war groß
als du gingst

erwachsen werden

deinen duft
atme ich
wie früher
unschuld
sprach
dein blick
vertrauen
deine hand
wie auch
meine
die dich
hielt
die tage zu kurz
die nächte zu lang
die zeit
holte uns ein
deine hand
wurde größer
und
ich
ließ
los

endlos

kindheitsduft
erdbeerrot
erinnere ich mich
an sahnige tage
sonnig warm
und verheißungsvoll
voller versprechungen
endlose tage
im meereswind
kurze nächte
sternenbehaftet klar
voller süße
die sommer
die nie
endeten

erinnert euch

erinnert euch
an das salz auf eurer haut
an den sand unter euren füßen
an die wärme die euch trägt
erinnert euch
an den geschmack des meeres
an euer lachen
das sich mit dem kreischen
der möwen mischt
an den wind
der alle gedanken
mit sich davon trägt
an das wasser
das euch rein wäscht
und euch wie neugeboren
zurück lässt
erinnert euch
an den gesang der kindheit
an die unbändige lebendigkeit
der jugend
an euer gefühl
der unbesiegbarkeit
erinnert euch
an das glück
an die liebe
und an das unendliche leben
im gesang der wellen
im lied des windes
und in der kraft des meeres
erinnert euch
an eure unsterblichkeit

lausche

deiner

melodie

jetzt

zwischen gestern
und morgen
erscheint im
transparenten licht
dein tag
kein regenbogen
wie du dir erhofftest
stattdessen winterbäume
die dir blutend
den weg wiesen
feuerwerksgleich
zerstoben die funken
aber du atmest noch
vergiss nicht
des nasskalten pfad
du lenkst den weg
sieh den morgen
die sonne
die hoffnung
ist
jetzt

meeresglück

über deine haut
tanzen möwen
zeichnen linien
setzen punkte
du hüllst dich
in gischt
und salz
die spuren
verwehen
im wind und
die wellen
tanzen
ewiglich
nur
die nacht
vergeht

absatzlos

nichtimmer
geradeaus
stattdessen
rechtslinkswendepunkt
kreuzundquer
getroffeneentscheidungen
revidierenund
neuewegesuchen
ausderbahnbrechen
schwerleicht
aufundabdavon
unsicherheitsrisiko
gefühlsachterbahn
nichtliegenbleiben
weitergehen
undirgendwann
irgendwoankommen
vertrauensetzen
inmich
nichtdenglaubenverlieren

flugstunde

trauergedanken
weht der ostwind
fort
engelsgleich
ist der vogelflug
klar
die untergehende sonne
und ihr licht
durchtrennt
die fäden
der nacht
leuchtfeuer schweben
über dem nebel
ich nähe flügelfedern
an meinen mantel
aus gelb
und lerne
zu fliegen

rahmenlos

bist aus dem rahmen gefallen
hast keinen zeitplan eingehalten
alles auf die lange bank geschoben
hast nicht ins raster gepasst
und dich vom acker gemacht
alle brücken hinter dir abgebrochen

ach –
es hätte schlimmer kommen können
…..

wale

ein wal
möchte ich sein
behäbig und schwer
durchs meer
pflügen
und
die wärmende sonne
spüren
den spuren der algen
folgen
die muster malen
auf der ledrigen haut
das wasser
fließt still
um meinen körper

ein wal
möchte ich sein
behäbig und schwer
auf- und wieder
abtauchen
mich gemächlich
um mich selber
drehen
und nicht mehr
denken
nur sein
im unendlichen meer

ein wal
möchte ich sein
behäbig und schwer
langsam
bedächtig
und ganz
bei
mir

stärke

meine hand
ausgestreckt
deine blicke
ignorant
stolpere ich
wer fängt mich
auf
wann lerne
ich
dass ich
mich
selber
tragen kann

getroffen

deine worte
spitzen aus speer
alles
was du nicht sagst
verletzt noch mehr
deine blicke
stahlschwer

müde bin ich
mutlos und schwach
schlafen will ich
vergessen
was war
und nicht ist

der abend naht
die nacht ruft
bis der morgen
neue gedanken weckt

In Leuchtturms Armen

Einsam streift dein Licht durch dunkle Nacht –
gib acht, gib acht,
der Seemann beißt ins kalte Nass,
das Schiff, die Welt verlass,
ins kalte Wasser gleitet er,
sieht´s Licht nun nimmer mehr.

Einsam streift dein Licht durch dunkle Nacht –
sieht Sonnenhauch und Wolkenwacht,
lauscht Meeresrauschen, Wellenpfad,
weckt Gefühle, rosig-zart.
Einzigartig Wind und Duft,
einzigartig ist die Luft.

Einsam streift dein Licht durch dunkle Nacht –
zu End´ ist nun die Sonnenschlacht,
Lyriden blitzen auf am Firmament,
blitzen auf nur den Moment.
Und wenn am Himmel Sterne schweifen,
lernst du Unendlichkeit begreifen.

zum neuen jahr

ankommen
im jahr
in mir
zur ruhe kommen
elan suchen
und finden
vorsätze haben
und fallen lassen
vögeln lauschen
den wind rufen
worte schreiben
in mir
flügelschläge
üben
mich von wellen
tragen lassen
verzeihen
und
über mich
hinaus wachsen

löwen

eine löwenmutter war ich
stets bereit für den nächsten kampf
habe immer schützend hinter dir gestanden
und oft genug auch vor dir
doch kinder werden groß
und manchmal
wählen sie den schweren
steinigen weg
und die löwenmutter
kann oft nur
daneben stehen
und brüllen vor angst
doch lernen muss ich
loszulassen
im schlimmsten
allerschlimmsten fall
auch fallen zu lassen
weil der steinige weg
für dich
der einzige zu sein scheint
in dem moment
die löwenmutter
kann nur hoffen
dass du dich besinnst
oder zumindest weißt
wo die löwenmutter
immer
zu finden ist

sinfonie

möglichkeiten
plagen dich

schwing dich empor
trau dich
möchte ich rufen

sei nicht die horde
die ängstlich
dem vogelflug gleich
nur einem
folgt

denk bunt
nicht schwarz-weiß
sei vielfältig-großartig-einzigartig

lausche
deiner melodie

der wind dreht

der wind dreht

blätter taumeln
dem abgrund
entgegen

der wind dreht

nebelschwaden malen
lichtgestalten
im schattendunst

der wind dreht

herzschläge
verlieren sich
im
wunderduft

der wind dreht

gedankenleer
lausche ich
flügelschlägen

winter

lichterschein
am winterbaum
klirrend und
nasskalt
schneegetröpfel
helles lachen
froher mut
raunächte
kommen bald
ein letzter glanz
von der sonne
gemalt
nicht nachtrauern –
vergiss nicht
den tag

sommer

wellenschaumkronen
brechen morgenlicht
salzwassersandkörner
umspülen mich
windgeflüster
wellenklang
pulsierend
herzschlaggleich
sommerflirren
liegt in der luft
ein versprechen

vertrauen (1)

bilder gemalt
worte geschrieben
laut
und leis
gewesen
manchmal zu lang
nie fertig geworden
und steine gerollt
auch mal
liegen geblieben
der amsel gelauscht
die schatten vertrieben
eine hand gereicht
und eine genommen
dem morgen vertraut

schrittweise

in zeiten
tiefster verzweiflung
mutlos
kopflos
hilflos
schlitzen gedanken
träume auf
und
blutige angst
ergreift besitz
im schneckentempo
drei schritte
nach vorn
zwei schritte zurück
ist immer noch
ein schritt
nach vorn
schultern zurück
irgendwo
gibt es
licht

wenn der wind weht

wenn der wind weht
hüllen mauern wände
fallen
sich alles dreht

wenn der wind weht
es stürmt und rauscht
und alles
sich bewegt

wenn der wind weht

wenn es weh tut
wenn es fällt
im wandel

wird alles neu gewebt

vom hoch zum tief
von nord nach süd
von ost nach west

wenn der wind weht

vom meer
fliegt ein engel
über das land

wenn der wind weht
…

zutrauen

die welt verschließen
eine glaskuppel bauen
in träume tauchen
rückwärts denken
einsamkeit schmecken
eins werden
auftauchen
schatten zerreißen
licht spüren
an mich
selber
glauben

träume

ich träume mich
an nordseewellen
zu strandburgen
und salziger haut

ich buddel mich ein
wie wattwürmer
im nassen sand
wie der bär
im kalten winter

ich zähle gänseblümchen
bienen auf der wiese
die sonnenstrahlen
auf meiner haut

ich träume vom regen
und tanze darin
sehne mich
nach blitz und donner
nach unwetter
das die straßen rein wäscht
und mich erwachen lässt

in blinzel in die sonne
sehe schwarz-grüne schlieren

ich lache
und
schmecke tränen

neu

ich verliere mich
durch dich
ins nichts
und

ich verliere mich
haltlos
taumel ich
und

ich verliere mich
falle tiefer
in abgründe
spiralengleich

verliere ich
…

und finde
mich
…

… neu

könnte ich

könnte ich mein leben wechseln
mich häuten wie eine schlange
das alte vergangene abstreifen
alles lästige unbequeme
alles was bedrängt belastet
könnte ich mich neu erfinden
ein neues kleid überwerfen
mich rein waschen
neu und unbeschwert
wie ein unbeschriebenes blatt
von vorne beginnen

doch ich bin
was ich bin
und wenn ich
zurück blicke
sehe ich die narben
auf der alten haut
würde ich sie abstreifen
was bliebe von mir
von dem
was ich war
und von dem
was ich bin
und was von der liebe

denn was will ich finden
was ich nicht längst schon habe
tief in mir

perspektivwechsel

in reagenzgläsern
hab ich mir
neue töne
gemischt
und mir die welt
kunterbunt gemalt
übermütig war ich
habe mir
luftschlösser gebaut
und mich wolkenweich
davon geträumt
übermächtig
war mein drang
gewisse dinge
zu vergessen
weggeschoben
ausradiert
von ganz weit oben
bin ich
aus meinen träumen
gefallen
auf dem boden der tatsachen
gut gepolstert
durch erfahrungen
von glück und leid
habe ich mir
selbst verziehen
und misch mir jetzt
neue möglichkeiten

dieser tag

raum geben
platz einnehmen
verblassen
verprassen

mich verschenken
durch die zeit

zwecklossinnlosnutzlos
schutzlos
einfach
sein

leichtsinnigfantastischherzvoll
mutiglustvollzeitlos

mich verirren
neu finden
er-finden

dankbarglücklichwertvoll

dieser tag
könnte
der beste
sein

ich will….

ich will nicht im glashaus sitzen, sondern inmitten von pflanzenwuchs und wilder natur. über mir spannt sich der himmel, vogelrufe erfüllen den tag.

ich will salzluft schnuppern und meine lungen damit füllen, bis ich das gefühl habe, ich platze vor glück.

ich will nichts verfälschen, sondern meerwasser in den himmel spritzen, sandkörner von der haut rubbeln und über wellen hüpfen. ich will den ballast des alltags von mir werfen, fallen lassen, mich rein waschen.

ich will kraft tanken, gedankenlos, sinnlos den tag erleben, ohne worte in den horizont starren, bis sonnenflecken vor meinen augen tanzen.

ich will bilder schreiben, seite um seite füllen, meine hände faul in den schoß legen, den wind im gesicht spüren.

ich will neue gedanken, neue bilder, ideen verwirklichen, das alte loslassen, ziehen lassen, eine träne vergießen und schritte nach vorne machen.

ich will den tag loben, leben, lieben, dankbar sein. stürme rufen und sonnengewitter, regentropfen auf meiner haut spüren.

ich will wie ein stein über das wasser gleiten, durch mein leben hüpfen, ankommen und weiter gehen. ich will rastlos sein und einig sein

– mit mir

ich

wecke

den

tag

frühling

forsythien pflanzen
und atmen
musik aufdrehen
und tanzen
sich drehen
irrsinnige
lächerliche
pläne schmieden
schutz suchen
unter der alten eiche
und nicht erfrieren
in der kälte der nacht
mich in deine arme flüchten
und dankbar bleiben

augen-blick

ich spüre den nieselregen
auf meinem gesicht
und ich mag mich irren
aber dieser ist weich
ebenso
wie dein blick

dein lachen

dein lachen
klingt
durch den tag

es klingt
wie perlendes wasser
und
wie eingeschlagenes glas

dein mund ist weit offen

du schluckst das leben
wie möwengekicher
an einem salzigen tag

und manchmal
ist der himmel ganz blau
oder auch lila
wie dein gesicht
am tag deiner geburt

dein lachen
stört das
nicht

gefühlslage

positiv gestimmt
und voller adrenalin
verbreite ich
glückshormone
werfe gänseblümchen
und singe
schiefe lieder
das lächeln
in meinen augen
überstrahlt
euer grau
und in mir
reift der wunsch
dass der herbst
einen winterschlaf
halten möge

frag nicht

frag nicht
nach
dem sinn
träume nicht
von
möglichkeiten

lasse blicke
schweifen

begeistert
versuche ich
mich
und
ergreife
das leben

und nie stille

das schlagen der tür
und wind in den blättern
die raschelnd
auf der straße tanzen
ein auto
das vorbei fährt
und ein lachen
das leise verhallt
ein quietschen von reifen
eine surrende fahrradkette
eine männerstimme
worte gemurmelt
das rauschen des zuges
und klimpern
von einem schlüsselbund
ein fenster das knarrt
und ein rollo
das heruntergelassen wird
kindergewisper
eine fremde sprache
ein stolpern
ein schlurfen
davoneilende schritte
ein vogel der singt
ein zweiter
ein hupen dazu
ein knacken im geäst
eine getuschelte unterhaltung
und kirchturmglocken

die läuten
im takt
und im hintergrund
das allumfassende geräusch
des windes
in den bäumen
mal auf-
mal abschwellend
mal leise
mal laut
nie verstummend
und nie
stille

du und ich

wir sind
zusammen gewachsen
mit der zeit
unsere wurzeln teilen sich
den boden
und unsere äste
verflechten sich
gemeinsam haben wir
blätter zu boden
sinken sehen
und haben
seite an seite
neue knospen
erschaffen
manche zweige haben
ganz eigene muster
und wir
er-
finden uns
immer wieder
neu
und wenn
ein sturm kommt
biegen wir uns
im wind

unser tanz

gänseblümchen
sommerhauch
amseln singen
ihr lied
verheißungsvoll
eine ahnung
von glück
die dunklen wolken
verdrängen wir
und glauben
dem donner nicht
blind stolpern wir
durch die regentropfen
aber die sonne
lacht
und wir tanzen
lachend
über den regenbogen

ruhe

wind
und wellen
und ich
und obwohl der wind
in meinen ohren tobt
und die wellen
laut rauschen
wird es
in mir
ganz
ruhig

wir

dein schweigen
atmet meines
dein atem
endet
in mir
abgründe
halten uns
ich stürze
deine augen
verschlingen
mich
zwischen uns
nur nackte haut

ankunft

vorfreude
vor freude
strahlen hüpfen sprühen
vor lauter freude
schweben glühen abheben
in die lüfte
zwischen wolken tanzen
landen
ins wasser tauchen
mich erden
bei mir
ankommen

zum halben jahrhundert

halbe jahrhunderte
schreiten vorbei
narben hinterlassend
tränenreich
lachfaltengleich
fortgeweht
vertrieben
schäumende gischt
sonnenstrahlen
leuchten über mir
nach dem regen
erfind ich mich neu
ein glückskind
bin ich
trotz der tränen
glaub ich dem sommer
eingebrannt in meiner haut

du bist …

du bist mein frühling
mit dir erwache ich
ich treibe blüten knospen amseln
blühe grün und wie verrückt

du bist mein sommer
deine schwüle macht mich träge
und schwimme doch in voller pracht
zwischen wellenschaumkronen

du bist mein herbst
mit dir erleb ich
jeden sturm
regen wind und blitzgewitter

du bist mein winter
mit dir sterbe ich
decke mich
mit deinem schneebedeckten umhang zu

manchmal drohe ich
in der hitze
zu vergehen
und zwischen
himmelhochjauchzendzutodebetrübt
macht der april
zu oft
was er will

manchmal erscheint
der winter
zu lang
und auch der herbst
stürmt scheinbar
ewiglich

doch –

du bist der frühling
meine zeit

ich

in den bäumen
rauscht
mein leben
nebelgleich
im nebelreich
schwüle atmet
und das wassser
strömt
vergisst sich
in den weiten
der unendlichkeit
ein hauch
von stille
umwebt
den weg
alles
wird ruhig
ich
bin

weihnacht

im winterduft
versinken

in kerzen
schauen
bis kleine blitze
vor den augen
tanzen

zeit verschenken
laut halleluja
singen

schneeflocken fangen
und den geist
der weihnacht
ziehen lassen

gesegnet sein

vertrauen (2)

sternschnuppen glauben
leben tanzen
liebe ahnen
sandkörner zählen
mit wellen glucksen
und berge
versetzen

rosarote wolken
lesen mein glück

du bist der felsen
meine angst entspannt

jetzt

den wind spüren
und die sonne
und dich
mehr
will
ich
jetzt
nicht

frühling (2)

erste sonnenstrahlen
kitzeln mein gesicht
gänseblümchen wippen
den takt des windes
eine ahnung
von frühling
und
ein hauch
von glück
lässt mich
atemlos
zurück

fliegen

ein windhauch
ein flüstern
ein ziehen im bauch
ein zögerndes scheinen
ein blitzen von licht
gelbrot –
von grün zu blau
in das tiefe schwarz der nacht
darunter die wolken
ich bin getragen

ich wecke den tag

regen hat
die farben
frisch gewaschen
alles duftet
neu und wach
der himmel ist
noch leicht
verhangen
tropfen hängen
zwischen tag
und nacht
vögel zwitschern
bienen summen
sonnenstrahlen
hüpfen
im sekundentakt

leise
klingt das lied

rosenblätter
schaukeln sanft
vom wind getragen
blätter tanzen
durch das morgenlicht
apfelduft und grasgeruch
pure lust
auf meiner haut

ich wecke
den tag

phantasie

kirschen an den ohren
sonnenblumen im gesicht
lausche ich kinderlachen
ich fange wörterschlangen
und tanze mit schmetterlingen
am flackernden lagerfeuer
durch die nacht
ich rutsche auf sonnenstrahlen
und spritze bunte farbe
auf graue häuserfronten
diese garniere ich
mit erdbeereis und freudenstreusel
ich singe mit glühwürmchen
im sommerwind
und lasse
die phantasie
mit mir
durchgehen

vertrauen (3)

ich vertraue
auf die sonne
den mond
und auf
ebbe und flut

ich vertraue
den uralten schutzgeistern
der höheren macht
die meine last
mit mir trägt

ich vertraue
auf den glücksgeschmack
von erdbeeren
milchmädchen
und salzkaramell
und darauf
dass jeden tag
etwas schönes passiert

ich vertraue
auf das gute
in der welt
auf das licht
das irgendwo scheint
und auf den schnaps
bei völlegefühl

ich vertraue
auf die hoffnung
die nicht stirbt
auf die liebe
und auf die freundschaft
auf den regen
auf den wind
und das meer

ich vertraue
auf mich
und auf das leben
dass es gut sein wird

morgengedanken

kaffepfützen
sonnenschlieren
brötchenkrümel
zieren den tisch
rosen welken
leise dahin
das wasser
in der vase
riecht faulig
und
durch das fenster
blitzt der staub
in der küche
schreit der abwasch
und
die wäsche
auf den polstern
türmt sich
lediglich ich
lege genüsslich
die füße hoch
und singe
dem tag
ein lied

vergänglich

leuchttürme senden
in halbwertzeiten
glücksleuchten
glühwürmchen
tanzen über
schaumwellenkronen
die brandung ist laut
unsere küsse seufzen
auf nassem sand
am frühen morgen
verwischt
unsere spur

ich bin …

ich bin nichts als licht –
hinter geschlossenen augenlidern
pulsiert das rot der sonne
ich brauche nichts
als das rauschen der wellen
die sich am sand brechen
nie gleich und
immer neu

ich bin ein gefäß –
fülle mich mit
licht und sonne
atme die kraft
die lebendigleit
des ozeans
ich brauche nichts
als den geschmack von salz
auf der haut
körnig und rau

ich wasche mich rein
wasche mich leer
fülle mich neu

ich bin ein gefäß –
erwache

ich bin nichts als licht
wasser und sand

ich bin

vom finden

auf spuren-suche bin ich
kupferfarben glänzt
der alte schuppen
in der untergehenden sonne
das letzte sommerlicht wärmt
lächelnd trete ich ein

ich finde
haltloses kichern
gebrochene tränen
geklebte erinnerungen
gebannte trauer
rostige liebe
und dich

du zwinkerst mir zu

wir feiern das leben

heimat

graublau
leuchtet das meer
sand rinnt
wie zeit
durch meine gedanken-
leer
ich schreibe
meinen namen
in den wind
wellen
ziehen an mir
ich zähle steine
und folge
den schreien der möwen
federleichte spuren
im sand
verwehen
mit der gischt
der wind
brennt rote fäden
in meinen
gläsernen körper
und irgendwann
denke ich nicht
meer-mehr
zeit
wird bedeutungslos
meine zehen
graben sich

tief in den sand
schließen freundschaft
mit wattwürmern
bilden wurzeln
ich wachse
genährt
von wellen
und salz
nenne ich mich
heimat

bunt (1)

ich lausche den amseln
den meisen
dem flattern der wäsche
frisch gewaschen
im wind
gläsern wölben sich
wolkenteppiche
tulpen blühen
rotwangig
und gelbgestrahlt
ich schmücke mich
mit blumenkränzen
tanze barfuß
im erbsengrünen gras
die sonne erhebt sich
strahlend hell
und wirft
ein lachen
auf den tag

bunt (2)

sonnenflecken
schweben
über grünem grün
betörend ist
der rosenrote duft
der wind
singt
ein lied
für mich
ich stolpere
über die zufälligkeiten
des lebens
und tanze
mich satt
im himmelblau
die welt ist erdbeerrot
ich lache
mich glücklich
staune über löcher
im asphalt
aus denen
schneeweißchen
und rosenrot
wachsen
ich puste pusteblumen
und lausche der kraft

im garten der hoffnung

rosensatt und schmetterlingsschläge
blütenpracht
sonnenhut und wolkenweiß
auf himmelblau
getupftes grün
gewickeltes rot
das blau ist dir zugetan
tausend träume erwarten dich
der garten ist offen

wiesenleicht und himbeerduft
sonnengelb und bienenflug
erfüllen die luft
der klang der stille
schlägt auf dein herz
hoffe –
oh hoffe
der wind trägt das lied
schmiedeeisern ist das tor
rosen ranken daran empor
nie ist es offen
du stehst davor

tausend jahre sind vergangen
du schliefst – du schliefst
ich rief in die unendlichkeit
warte nicht auf wellen
die dich tragen
der kuss der erweckt
sand rinnt

in flüssen davon
die schwarze nacht
schluckt das licht
nur glühwürmchen
begleiten dich

tausend tore sind offen
doch
noch
jetzt
dein herz schlägt
rosenrot

nie schlief ich
erwarte den tag
die morgensonne
trägt hoffnung
ich bin
mir zugetan
das tor
ist offen
....

sehnsucht

ich sehne mich nach licht
will erwachen im sonnenarm
leichtigkeit und liebe durchströmen mich
ich sehne mich nach licht
glockenhelle ruhe in mir
schwalben zwitschern ihr lied für mich
ich sehne mich nach licht
will erwachen im sonnenarm

ankunft (2)

ankommen
die suche beenden
voller leben und lust
bin ich
in mir
zu haus

hinter dem fenster…

hinter dem fenster wartet
ein tag
ein leben
schieb die nebel beiseite
öffne den vorhang
lass wind hinein
und licht
und lass dich
davon tragen
mitten hinein
das abenteuer
heißt jetzt

der

tag

neigt

sich

salzwasser

ich schreibe mich
ins nichts
verliere mich
in wünschen
und träumen
die rotglühend
wie lavaperlen
in mir
brodeln
meine sehnsucht
segelt
durch die nacht
ich lausche der stimmen
der wellen nach
amun und re
rufen mich
helios hält mich
in seinen armen
meine tränen
schmecken salzig
wie das meer
das ich
mit mir
nach hause
trage

quarantäne

nichts geschieht
ich zähle wolken
atme stille
höre mein blut
durch die tage
rauschen
losgelöst
schwebe ich
im luftleeren raum
die zeit
tickt rückwärts
nebel webt
gedanken
nichts geschieht
ich zähle stunden
und bleibe stumm

gebrochen

die sonne war
der ganze himmel
ewiglich
ein zeuge
ein gott
die sonne war
kein ort
der himmel
die grenze
oder grenzenlos
leer
nur einen schritt
entfernt
ist dein herz
dein schweres herz
bricht die
brücken

schwarze löcher

es sind keine guten tage
für geschichten
das gesicht der angst ist wandelbar
und der tod
eine vergessene zeile
die welt versinkt in watte
oder bin ich es
die im nebel
verloren geht
gedanken sind
zu laut
andere zu leise
gefühle schwanken
zwischen
heiß und kalt
raubvögel tanzen
im sturzflug
durch alpträume
ich schwebe
schwerelos
das schwarze loch
zieht mich
ins
nichts

messerscharf

in meiner hilflosigkeit
bin ich
zerstörerisch
meine worte
sind
wie messer
ich schrei
doch
es sind tränen
die ich
weine
nur du
siehst sie
nicht
bist blind
du hörst nur
die messer
und schleuderst
zurück
so verletzen
wir uns
bis ins mark
und blut
ergießt sich
aus
gebrochenen
herzen

stundenglas

wie lange gilt zeit
wie lang dauert trauer
wie berechnet man gefühle
die verloren gingen
wie lang ist eine träne
wie kurz ein wimpernschlag
wie misst man verlust
in ampere
volt
oder besser in
metern
was ist mit
sekunden
minuten
jahren
und
wieviel zeit
bleibt

der tag neigt sich

apfelfaulgeruch
im spinnenwebentau
nebeldunstgeschmack
aus moosquellwasser
eichhörnchenwalnüsse
kastanienzauber
und igelblätterhaufen
hagebuttenrot und
pilzbrauner wald
kaltluftblau
auf warmen wangen
und schlafende
morgenhauchwölkchen
traurigschöner
grüngelber herbst
im untergehenden
sonnenorange
der tag neigt sich

fort

du
bist fort
deine mauern
sind hoch
ich
erreiche dich
nicht mehr
wo
habe ich
dich verloren
wann
wurde
der weg
zu steinig
wann
hast du
die möglichkeiten
nicht mehr
gesehen

gib nicht auf
möchte ich schreien

meine stimme verhallt
meine tränen
werden zum fluß
der dich
davon
trägt

tsunami

grün
war die letzte
hoffnung
doch das weiß
des einerlei
und spuren
von rost
und narben
zerfielen
im trüben
graublau
und spülte
uns
davon

nichts

ich möchte
die zeit anhalten
momente einfrieren
nicht
weiter denken
oder
überhaupt
denken
nichts
mehr tun
verharren
still
in der unendlichkeit
möchte
keine lieder
mehr singen
oder
wörter
in den wind
schreiben
möchte schweigen
still
und
stumm
...
da könnte ich
auch
tot
sein
...

pausentaste

herzweheng
pulsrastdemlebendavon
kurzatmigkeitgaloppiertimviervierteltakt
panikjagtmithitzewellenimkörperentlang
herzweheng
ichbinerschöpft
wennichjetztdieaugenschließistesfürlang
hashtagpause
worteverblassen
derwindverstummt
willzurruhekommen
manchesneusortieren
michselbstimchaoswiederfinden
neuerfinden
undatmen
nichtherzweheng
sondernherzweit
schenkemirzeit
...

dämmerung

die sonne
warf ihre
wärmenden schatten
und
brachte uns
zum funkeln
bis
die nacht
einbrach
doch
auch dann
ließ uns
die erinnerung
an das
was wir
gewesen waren
nicht los

wand

du bist
die wand
an der ich mir
den kopf einrenne
stunden
tage
wochenlang
bis
mein herz
bricht
letztendlich
fehlt mir
genau wie dir
die einsicht
es zu lassen

eiszeit

dorn für dorn
triffst du
mein herz
bis es
blutet
und der winter
es mit eis
überzieht
aber
es gibt ja
hoffnung
der nächste frühling
kommt bestimmt

vermeintlich…

deine grenzen
sind weiter
als meine

eine leine
bind ich
einen zaun
steck ich dir

doch du
findest leitern
sprengst löcher

entziehst dich

der zaun
bricht
die leine
reißt

du fällst

oder

bin ich es
die am boden liegt

heute

mit füßen getreten
mit worten geschlagen
die fäuste erhoben
weder gekämpft
noch die stimme erhoben
ertragen
gewünscht
dass es anders wär
in die ecke gekehrt
die brocken
wie puzzleteilchen
harmonisch
zusammengetragen
und in den müll geleert
gewünscht
dass ich was draus lern ...

morgen

meine füße haben
mich fortgetragen
meine arme habe ich
schützend
über mich gehalten
den kopf hab ich mir
gewaschen
du bist nicht
der mittelpunkt

der welt
zumindest nicht
von meiner
nicht harmonisch
nicht verklärt
nicht willkommen
wünsche ich
dich
von herzen
fort

bitter

die welt scheint
aus den fugen
auch mich
zu hassen
oder
still
zu stehn
scheint wild
zu hüpfen
und
zu wackeln
bis
alles
bricht
und bitter schmeckt

abgründe

lückenlos
passt sich
deine haut
meiner an
und trotzdem
wird der abstand
zwischen uns
größer
und größer

artistin

elegant
balancier ich
ohne netz
und doppelten boden
wenn ich falle
falle ich
tief
ein drahtseilakt
zerrissen
gerissen
zu stramm
gespannt
der traum
zerplatzt

taktlos

transparent bin ich
schonungslos deine gegenwart
kein regenbogen
den du mir versprichst
stattdessen härte
die mich verbrennen
vergessen lässt
wortlos
nehme ich hin
verstumme
klein
liebe
wollte ich
und gab

mein herz blutet
im takt
deiner schläge

splitter

verstummt
selbst in der stille
schweigen wir
wortlos
gedankenlos
brechen wir uns
das herz

nachts

nachts im traum
schreien
die städte
die leute
nachts im traum
im traum
eines anderen
wenn wir fliegen
wenn wir fallen
auf grünen rasen
nachts im traum
träumen wir
allein
es ist nur
nachts im traum

verzeihen

ein letztes blatt
wippt zum
takt des windes

durch nebelschwaden blitzt
eine ahnung
von licht

durch die welt
streift
ein leises sterben

verzeihen wir
bevor der winter kommt
und uns
den atem nimmt

herbst

blütenstaub schimmert
vergessen
auf kastanien

blitze und donner
stürme rufen

regen wirbelt
über das gras

abenddämmerung liest
den letzten sonnenduft

schleichend
wird es
nacht

orkan

erstarrt
bin ich
rostrote wellen graben
tiefe furchen
zwischen uns
nachtblaue strömungen
werfen mich
vor und zurück
sandböen wirbeln blitzgewitter
wetterleuchten treiben mich
über klippen
der platz neben mir
ist verwaist
entwachsen
ausgewachsen
großgeworden
fortgegangen
mein blickt sucht
verloren
dein bild
es bricht

abschied

ich erinnere mich
wie ich inne hielt
im abschied
die hand erhoben
die bewegung erstarrt
die sonne leuchtete
wie orangen
auf uns herab
ein vogel schrie
einen letzten gruß
mein herzschlag stolperte
als ob ich es ahnte
du kehrtest nicht zurück

an grenzen

mauern grenzen stacheldraht
rotbraune erde
von der sonne verbrannt
der blaue himmel
trägt schreie
feuer schwebt
in der luft

tränen wie blut
blutflüsse
fließen zum meer
abschied liegt in der luft

der weg ist weit
die füße ragen dich
durch den roten sand
die sonne verbrennt
deine träume
bevor sie untergeht

der stoff reißt
ein schuß knallt
eisern ist der duft
blaue wellen
umspülen dich
die mauern sind weit

deine augen zum himmel
blau ist er
deine brust rot
du siehst
die sonne untergehen
dein licht erlischt
die erde bleibt

für g.

der tag war heiß
dabei hätte kälte
-    eisige
zu deinem tod
viel besser gepasst
denn wie erstarrt
waren wir
nicht nur du
bist an diesem tag
gegangen
wir gaben dir
von uns
vieles
mit auf den weg
das wir selbst
in den kommenden jahren
erst wiederfinden
mussten
oder auch
durften

schleichend

später
wurde ihr atem grau
die haut schal
ihre gedanken wuchsen
in die vergangenheit

das leben war alt
dabei war sie
doch gerade 21
und tanzte

die fremde weinte
und nannte sie
mutter
sie verstand
die worte nicht

sie vergaß
die gegenwart
oder
vergaß sie
die gegenwart

still lächelte sie
und drehte sich
weiter zur musik

wolfskind

du nahmst
ein stück
von mir
und
begrubst es
an einem
geheimen ort
ich folgte
den schwalben
und wollte
neue wege
finden
doch
sie verhöhnten
mich
und ich
lief im kreis
trank regenwasser
aus pfützen
verschmolz
mit dem zwielicht
keiner sprach
meine namen
kein licht
erhellte
meine nacktheit
und die wände
atmeten
im takt
meines blutes

dämmerung (2)

meine tränen heißen morgentau
abendrot nennt man mein lächeln
im winter tanze ich auf gräbern
grabe im frühling leichen aus
der sommer verbrennt die leidenschaft
und der herbst
-    ach der herbst
aasgeiern gleich
schlürfen mich harpyien leer
trauer tritt aus dem nebel
unbeweglich wie steine
ist es die stunde der engel
der schlaf endet im morgengrau
und was bleibt ist schwärze
dein schweigen zu laut

und so senkt sich die dämmerung
und verschlingt die welt

schmerz

still ganz still

biegt wachstumsschmerz
meine knochen
bricht mein herz

still ganz still

breitet meine seele
ihre flügel aus
schreit ihren kummer
in den himmel
endlos der hall
der stumm verklingt

still ganz still

breitet mein herz
seine flügel aus
bevor es verkümmert
rosenknospen gleich
schließt es sich
in der dämmerung
die du bereitest

still ganz still

schreit es seinen kummer
endlos der hall
der stumm verklingt
die sonne versinkt

still ganz still

es ist frost angesagt

es ist frost angesagt
raureif überzieht
den tag
klarweißkalt
klirrt die welt
der teufel
ist zu besuch
er trägt
die hölle
zu erden

es ist frost angesagt
rotkehlchen stürzen
erfroren
von bäumen
fußspuren
verwehen
im grauen schnee
atemnebelhauch
schwebt
schwerelos

es ist frost angesagt
die erde
bricht auf
und maden
legen ihre brut

in ideen und träume
der himmel ist
voll glühendem feuer
das zu boden fällt
die menschheit
er-friert
es ist frost angesagt

abgesang

einsam
verklingen vogelschläge
hinter
fahlem nebellicht
worte verglühen
in flammenfunken
meine hände
fangen
die letzte wärme
in der
kalten nacht
ich lausche
alten geschichten
und laufe
querfeldein
dem regen
davon
das laub
knistert
noch
der herbst
übt
seinen abgesang

einsilbig

leer und schwer
kein lied
kein wort
leer und still
rost rot und blut
schwarz und kalt
stein schmerz schwer
trotz blau und gelb
auch wenn grün lacht
grau deckt die welt
mich friert

vergangen

der
tag war
schön der tag
war grau war schwer
der tag war lang der
tag war leicht der tag war
vergangen wie eben die tage so vergehen

Die
sieben Todsünden
und die Versöhnung

todsünde I *(trägheit)*

kekskrümel nisten
zwischen den falten
deiner haut
schiefergrau das sofa
das mit dir
verwachsen scheint

es wird winter

die roten rosen
aus athen
sind verblüht
der teppich saugt
gierig
ihr sterbendes wasser

es wird kalt

taumelnd schwebt es
unaussprechlich

dein atem
riecht faul

todsünde II *(zorn)*

wolkenschwer
drückt die hitze
auf leere teller
und schwarzer schnee
verbrennt die hölle

infektiöse fasern
fallen blutbesudelt
wie die unschuld
in der ersten nacht

rostrot
ist der zorn
der sich
in köpfe schleicht

blinden passagieren gleich
kriecht er wie maden
in faules fleisch

und die menschen
vergessen sich

todsünde III *(völlerei)*

fett quillt aus
deinen glänzenden finger
blass deine haut
befriedigt der bauch

du thronst auf gepolstertem
orangen barock

zwischen heuchlerei und
aschermittwoch
entweicht dein gas
wie faule eier
dein kühlschrank verschmiert
die frittierte beichte
deiner völlerei

du wäschst dein hände
in unschuld

todsünde IV *(hochmut)*

menschenfeindlich
krönt der pfau
dein haupt
arroganz dringt
aus deinen poren
ein pesthauch im april

die welt
ist nicht genug
schwarze fliegen
kriechen
aus der nacht
blind
ist deine demut
seine stimme
hörst du nicht

in violetter dämmerung
winden sich
drei affen
ich höre ihr lachen
hoch und höher

hochmut
ist der fall

todsünde V *(neid)*

aktionäre verwelken
im abgeplatzten pool
der großkonzerne
vergiftete ausdünstungen nach
deinhausdeinautodeinjob
gewachsten beach-bodys
brudermord
und diamonds

toxisch trommelt
das getuschel
hinter fremden rücken
zerfressen von
parasiten der ungleichheit

dein nikotinverseuchtes hemd
tanzt mit dem teufel
auf blankem stahl
auf dem bodensatz
findest du
ein geschwür aus hass
und neid

todsünde VI *(habgier)*

höher schneller weiter
nie ist es genug
irgendwo ruhen
steinerne fluten
gottes verdammnis
predigt den tod

unnachgiebig
der harte lehnstuhl
der sich
an deine knochen
fesselt
die zeichen sind
tränen und schweiß
aus blut
mit der asche
der verstorbenen
lechzt du nach
mehr

der dämon heisst
gier
die sonne
spiegelt
die sünden

todsünde VII *(wollust)*

mein atem fliegt
in mir flüstert
dein fleisch
die struktur
deiner haut
unter meiner zunge
ist die lust
ich kam zu dir
durch schatten

sinkende kinderhände
der schleier reißt
der vorhang fällt
auf einem bett
aus dornen
kriecht
dein schrei
feucht und schwül
zerstückelt der drang
der tempel ist
gebrochen

versöhnung

ich trage dich
ich trage schwer
an deiner last
an der schuld
die nicht die meine ist
und auch nicht deine

ich trage dich
in meinem herzen
in meinem arm
unter der haut
ich trage dich
in die welt

ich trage dich
ich trage schwer
durch leben gegangen
tode erlebt
ich trage dich
durch alle zeiten

ich atme dich ein
und trage dich
voller stolz

ich trage dich
ein stück
voller leichtigkeit

ich trage dich
ich bin der anfang
aber nicht das ende

Über mich

Ich schreibe, seit ich schreiben kann, denn Leben ohne Schreiben ist nicht mein Leben und schreiben ohne Leben, ist nicht mein Schreiben.

In meinem bisherigen Leben habe ich nicht nur zwei Semester angewandte Religionswissenschaften studiert, sondern auch bei einem Rechtsanwalt und in Arztpraxen gearbeitet. Ich war Kindermädchen und Altenpflegerin, habe in Kneipen Getränke serviert und eine ganze Zeit im Buchhandel Bücher verkauft. Heute bin ich Autorin und Ehefrau, Mutter, Bloggerin, Vielleserin, Freundin und Büromanagerin im heimischen Betrieb. Wenn ich nicht mehr atmen oder denken kann, brauche ich das Meer und den Wind, damit sich alles einmal durchrütteln kann. Ich liebe den Geschmack von Salz auf meinen Lippen, Gänseblümchen und den Duft von frisch gemähtem Gras. Ich bin ein Sommerkind und blühe bei Sonne und Wärme. Und manchmal male ich auch …

Jenseits von Worten – nicht ich finde sie, sondern Worte finden mich. Wenn ich schreibe, bin ich ganz bei mir. Dann fließt alles, auch Wörter und Sätze. Ich webe Wörter, um Gefühle in Form zu bringen, damit ich sie für mich (und vielleicht auch für andere) be-greifbar mache. Dinge bilden sich – jenseits von Worten. Meine Sehnsüchte spiegeln sich, oft erkenne ich Dinge, die mir nicht bewusst waren oder verschüttet. An manchen Tagen fließen Wörter zu sinnvollen oder auch sinnlosen Texten zusammen. Manches verschwindet in der

Erinnerung, anderes wird bearbeitet, verfeinert, herausgeputzt. Manches dreht sich, manches setzt sich. Alles inspiriert mich, lässt mich wachsen, meine Wörter zu Flügeln werden. Schwingungen tragen mich durch das, was in meinem Kopf ohne Hand und Fuß durcheinanderwirbelt. Ohne Punkt und Komma schreibe ich, was durch mich fließt. Wörterflüsse – und meine Gefühle werden zu Spiegelwörtern auf Papier. Wunderknospen öffnen sich. Auf dem Papier erblühen Dinge – jenseits von Worten und doch mit Worten gemalt. Im besten Sinne erkennen, verändern sie mich. Und da ist eine Hoffnung, dass sie auch andere – Euch – bewegen, berühren.

Seit Kindheitstagen ist mein größter Traum, mein eigenes Buch in den Händen zu halten. Hiermit erfülle ich ihn mir!

Sabine Schildgen

Wer noch mehr von mir lesen möchte, findet mich im Internet unter:

www.wortgeflumselkritzelkram.wordpress.com